Wem es gehört:

....
....

Das diesjährige Thema:

....
....
....

Jahr

Mein Leben Wochenplaner, Undatiertes Ganzes Jahr (12 Monate), Mit Habit Tracker, Wöchentliche Monats-Jahres-Übersicht, Planer für Frauen.

Bis zu 48 Wochen (1 Jahr) Lebensgestaltung!

Imprint: Zack Bowman Inc.
ISBN: 9781445750484

Life
By Design

Leben

Am besten gelebt ist das Leben
Von Entwurf!

Persönliche Informationen

Vollständiger Name

Heimatadresse

Festnetztelefon

Handy

Name der Firma

Büro adresse

Bürotelefon

Fax

Kontakt E-mail

Reisepass / VISUM

EIN / TIN / SSN

Versicherung / Versicherungspolice

Blutgruppe

Arzt

Apotheke

Polizei

Reisebüro

Weitere nützliche Kontakte

Meine Gedanken

Mein Jahr definieren

Zeit für mich

Wie möchte ich mich fühlen?

Wer möchte ich werden?

Meine Quartalspläne – Übersicht

Q1

Q2

Q3

Q4

Meine Kritzeleien - Whiteboard

Monat 1/12

Januar

Mantra:

Gehirndump

Checkliste mit den Zielen und Zielen dieses Monats

Persönliches Wachstum

-
-
-
-
-
-
-

Finanzielles Wachstum

-
-
-
-
-
-
-

Social Media-Aufgaben

-
-
-
-
-
-
-

Persönliche projekte

-
-
-
-
-
-

Andere Wachstumsbereiche

-
-
-
-
-
-
-
-

Woche 1 – Aufgaben

MON

DIE

MITT

DON

FRE

SAM　　　　　　　　　　　　**SON**

FINANZIELLE ZIELE

HGEWOHNHEIT TRACKER

ARBEIT / GESCHÄFTS-TO-DO-LISTE

PERSÖNLICHE TO-DO-LISTE

VISION PLANKE

DIESE WOCHEN GEWINNT

VERBESSERUNG DER NÄCHSTEN WOCHE

BEWERTEN SIE IHRE PRODUKTIVITÄT DIESE WOCHE

1 — 2 — 3 — 4 — 5 — 6 — 7 — 8 — 9 — 10

Woche 2 - Aufgaben

MON

DIE

MITT

DON

FRE

SAM

SON

FINANZIELLE ZIELE

HGEWOHNHEIT TRACKER

ARBEIT / GESCHÄFTS-TO-DO-LISTE

PERSÖNLICHE TO-DO-LISTE

VISION PLANKE

DIESE WOCHEN GEWINNT

VERBESSERUNG DER NÄCHSTEN WOCHE

BEWERTEN SIE IHRE PRODUKTIVITÄT DIESE WOCHE

1 2 3 4 5 6 7 8 9 10

Woche 3 - Aufgaben

MON

DIE

MITT

DON

FRE

SAM

SON

FINANZIELLE ZIELE

HGEWOHNHEIT TRACKER

M D M D F S S

ARBEIT / GESCHÄFTS-TO-DO-LISTE

PERSÖNLICHE TO-DO-LISTE

VISION PLANKE

DIESE WOCHEN GEWINNT

VERBESSERUNG DER NÄCHSTEN WOCHE

BEWERTEN SIE IHRE PRODUKTIVITÄT DIESE WOCHE

1 2 3 4 5 6 7 8 9 10

Woche 4 - Aufgaben

MON

DIE

MITT

DON

FRE

SAM

SON

FINANZIELLE ZIELE

HGEWOHNHEIT TRACKER

ARBEIT / GESCHÄFTS-TO-DO-LISTE

PERSÖNLICHE TO-DO-LISTE

VISION PLANKE

DIESE WOCHEN GEWINNT

VERBESSERUNG DER NÄCHSTEN WOCHE

BEWERTEN SIE IHRE PRODUKTIVITÄT DIESE WOCHE

1 — 2 — 3 — 4 — 5 — 6 — 7 — 8 — 9 — 10

Monat 2/12

Februar

Mantra:

Gehirndump

Checkliste mit den Zielen und Zielen dieses Monats

Persönliches Wachstum

Finanzielles Wachstum

Social Media-Aufgaben

Persönliche projekte

Andere Wachstumsbereiche

Woche 1 - Aufgaben

MON

DIE

MITT

DON

FRE

SAM

SON

FINANZIELLE ZIELE

HGEWOHNHEIT TRACKER

M D M D F S S

ARBEIT / GESCHÄFTS-TO-DO-LISTE

PERSÖNLICHE TO-DO-LISTE

VISION PLANKE

DIESE WOCHEN GEWINNT

VERBESSERUNG DER NÄCHSTEN WOCHE

BEWERTEN SIE IHRE PRODUKTIVITÄT DIESE WOCHE

1 2 3 4 5 6 7 8 9 10

Woche 2 - Aufgaben

MON

DIE

MITT

DON

FRE

SAM

SON

FINANZIELLE ZIELE

HGEWOHNHEIT TRACKER

ARBEIT / GESCHÄFTS-TO-DO-LISTE

PERSÖNLICHE TO-DO-LISTE

VISION PLANKE

DIESE WOCHEN GEWINNT

VERBESSERUNG DER NÄCHSTEN WOCHE

BEWERTEN SIE IHRE PRODUKTIVITÄT DIESE WOCHE

1 — 2 — 3 — 4 — 5 — 6 — 7 — 8 — 9 — 10

Woche 3 - Aufgaben

MON

DIE

MITT

DON

FRE

SAM

SON

FINANZIELLE ZIELE

HGEWOHNHEIT TRACKER

ARBEIT / GESCHÄFTS-TO-DO-LISTE

PERSÖNLICHE TO-DO-LISTE

VISION PLANKE

DIESE WOCHEN GEWINNT

VERBESSERUNG DER NÄCHSTEN WOCHE

BEWERTEN SIE IHRE PRODUKTIVITÄT DIESE WOCHE

1 2 3 4 5 6 7 8 9 10

Woche 4 – Aufgaben

MON

DIE

MITT

DON

FRE

SAM

SON

FINANZIELLE ZIELE

HGEWOHNHEIT TRACKER

M D M D F S S

ARBEIT / GESCHÄFTS-TO-DO-LISTE

PERSÖNLICHE TO-DO-LISTE

VISION PLANKE

DIESE WOCHEN GEWINNT

VERBESSERUNG DER NÄCHSTEN WOCHE

BEWERTEN SIE IHRE PRODUKTIVITÄT DIESE WOCHE

1 2 3 4 5 6 7 8 9 10

Monat 3/12

März

Mantra:

Gehirndump

Checkliste mit den Zielen und Zielen dieses Monats

Persönliches Wachstum

○
○
○
○
○
○

Finanzielles Wachstum

○
○
○
○
○
○

Social Media-Aufgaben

○
○
○
○
○

Persönliche projekte

○
○
○
○
○
○

Andere Wachstumsbereiche

○
○
○
○
○
○
○
○

Woche 1 - Aufgaben

MON

DIE

MITT

DON

FRE

SAM

SON

FINANZIELLE ZIELE

HGEWOHNHEIT TRACKER

M D M D F S S

ARBEIT / GESCHÄFTS-TO-DO-LISTE

PERSÖNLICHE TO-DO-LISTE

VISION PLANKE

DIESE WOCHEN GEWINNT

VERBESSERUNG DER NÄCHSTEN WOCHE

BEWERTEN SIE IHRE PRODUKTIVITÄT DIESE WOCHE

1 2 3 4 5 6 7 8 9 10

Woche 2 - Aufgaben

MON

DIE

MITT

DON

FRE

SAM   **SON**

FINANZIELLE ZIELE

HGEWOHNHEIT TRACKER

ARBEIT / GESCHÄFTS-TO-DO-LISTE

PERSÖNLICHE TO-DO-LISTE

VISION PLANKE

DIESE WOCHEN GEWINNT

VERBESSERUNG DER NÄCHSTEN WOCHE

BEWERTEN SIE IHRE PRODUKTIVITÄT DIESE WOCHE

1 2 3 4 5 6 7 8 9 10

Woche 3 - Aufgaben

MON

DIE

MITT

DON

FRE

SAM

SON

FINANZIELLE ZIELE

HGEWOHNHEIT TRACKER

M D M D F S S

ARBEIT / GESCHÄFTS-TO-DO-LISTE

PERSÖNLICHE TO-DO-LISTE

VISION PLANKE

DIESE WOCHEN GEWINNT

VERBESSERUNG DER NÄCHSTEN WOCHE

BEWERTEN SIE IHRE PRODUKTIVITÄT DIESE WOCHE

1 2 3 4 5 6 7 8 9 10

Woche 4 - Aufgaben

MON

DIE

MITT

DON

FRE

SAM **SON**

FINANZIELLE ZIELE

HGEWOHNHEIT TRACKER

ARBEIT / GESCHÄFTS-TO-DO-LISTE

PERSÖNLICHE TO-DO-LISTE

VISION PLANKE

DIESE WOCHEN GEWINNT

VERBESSERUNG DER NÄCHSTEN WOCHE

BEWERTEN SIE IHRE PRODUKTIVITÄT DIESE WOCHE

1 2 3 4 5 6 7 8 9 10

Monat 4/12

Mantra:

Gehirndump

Checkliste mit den Zielen und Zielen dieses Monats

Persönliches Wachstum

Finanzielles Wachstum

Social Media-Aufgaben

Persönliche projekte

Andere Wachstumsbereiche

Woche 1 – Aufgaben

MON

DIE

MITT

DON

FRE

SAM

SON

FINANZIELLE ZIELE

HGEWOHNHEIT TRACKER

ARBEIT / GESCHÄFTS-TO-DO-LISTE

PERSÖNLICHE TO-DO-LISTE

VISION PLANKE

DIESE WOCHEN GEWINNT

VERBESSERUNG DER NÄCHSTEN WOCHE

BEWERTEN SIE IHRE PRODUKTIVITÄT DIESE WOCHE

1 2 3 4 5 6 7 8 9 10

Woche 2 - Aufgaben

MON

DIE

MITT

DON

FRE

SAM

SON

FINANZIELLE ZIELE

HGEWOHNHEIT TRACKER

ARBEIT / GESCHÄFTS-TO-DO-LISTE

PERSÖNLICHE TO-DO-LISTE

VISION PLANKE

DIESE WOCHEN GEWINNT

VERBESSERUNG DER NÄCHSTEN WOCHE

BEWERTEN SIE IHRE PRODUKTIVITÄT DIESE WOCHE

1 2 3 4 5 6 7 8 9 10

Woche 3 - Aufgaben

MON

DIE

MITT

DON

FRE

SAM

SON

FINANZIELLE ZIELE

HGEWOHNHEIT TRACKER

ARBEIT / GESCHÄFTS-TO-DO-LISTE

PERSÖNLICHE TO-DO-LISTE

VISION PLANKE

DIESE WOCHEN GEWINNT

VERBESSERUNG DER NÄCHSTEN WOCHE

BEWERTEN SIE IHRE PRODUKTIVITÄT DIESE WOCHE

1 2 3 4 5 6 7 8 9 10

Woche 4 – Aufgaben

MON

DIE

MITT

DON

FRE

SAM

SON

FINANZIELLE ZIELE

HGEWOHNHEIT TRACKER

ARBEIT / GESCHÄFTS-TO-DO-LISTE

PERSÖNLICHE TO-DO-LISTE

VISION PLANKE

DIESE WOCHEN GEWINNT

VERBESSERUNG DER NÄCHSTEN WOCHE

BEWERTEN SIE IHRE PRODUKTIVITÄT DIESE WOCHE

1 2 3 4 5 6 7 8 9 10

Monat 5/12

Mantra:

Gehirndump

Checkliste mit den Zielen und Zielen dieses Monats

Persönliches Wachstum

Finanzielles Wachstum

Social Media-Aufgaben

Persönliche projekte

Andere Wachstumsbereiche

Woche 1 - Aufgaben

MON

DIE

MITT

DON

FRE

SAM

SON

FINANZIELLE ZIELE

HGEWOHNHEIT TRACKER

M D M D F S S
○ ○ ○ ○ ○ ○ ○
○ ○ ○ ○ ○ ○ ○
○ ○ ○ ○ ○ ○ ○
○ ○ ○ ○ ○ ○ ○
○ ○ ○ ○ ○ ○ ○
○ ○ ○ ○ ○ ○ ○
○ ○ ○ ○ ○ ○ ○

ARBEIT / GESCHÄFTS-TO-DO-LISTE

PERSÖNLICHE TO-DO-LISTE

VISION PLANKE

DIESE WOCHEN GEWINNT

VERBESSERUNG DER NÄCHSTEN WOCHE

BEWERTEN SIE IHRE PRODUKTIVITÄT DIESE WOCHE

1 2 3 4 5 6 7 8 9 10

Woche 2 - Aufgaben

MON

DIE

MITT

DON

FRE

SAM   **SON**

FINANZIELLE ZIELE

HGEWOHNHEIT TRACKER

ARBEIT / GESCHÄFTS-TO-DO-LISTE

PERSÖNLICHE TO-DO-LISTE

VISION PLANKE

DIESE WOCHEN GEWINNT

VERBESSERUNG DER NÄCHSTEN WOCHE

BEWERTEN SIE IHRE PRODUKTIVITÄT DIESE WOCHE

1 2 3 4 5 6 7 8 9 10

Woche 3 - Aufgaben

MON

DIE

MITT

DON

FRE

SAM

SON

FINANZIELLE ZIELE

HGEWOHNHEIT TRACKER

ARBEIT / GESCHÄFTS-TO-DO-LISTE

PERSÖNLICHE TO-DO-LISTE

VISION PLANKE

DIESE WOCHEN GEWINNT

VERBESSERUNG DER NÄCHSTEN WOCHE

BEWERTEN SIE IHRE PRODUKTIVITÄT DIESE WOCHE

1 2 3 4 5 6 7 8 9 10

Woche 4 - Aufgaben

MON

DIE

MITT

DON

FRE

SAM | **SON**

FINANZIELLE ZIELE

HGEWOHNHEIT TRACKER

ARBEIT / GESCHÄFTS-TO-DO-LISTE

PERSÖNLICHE TO-DO-LISTE

VISION PLANKE

DIESE WOCHEN GEWINNT

VERBESSERUNG DER NÄCHSTEN WOCHE

BEWERTEN SIE IHRE PRODUKTIVITÄT DIESE WOCHE

1 2 3 4 5 6 7 8 9 10

Monat 6/12

Juni

Mantra:

Gehirndump

Checkliste mit den Zielen und Zielen dieses Monats

Persönliches Wachstum

- ○
- ○
- ○
- ○
- ○
- ○

Finanzielles Wachstum

- ○
- ○
- ○
- ○
- ○
- ○

Social Media-Aufgaben

- ○
- ○
- ○
- ○
- ○
- ○

Persönliche projekte

- ○
- ○
- ○
- ○
- ○

Andere Wachstumsbereiche

- ○
- ○
- ○
- ○
- ○
- ○
- ○

Woche 1 - Aufgaben

MON

DIE

MITT

DON

FRE

SAM   **SON**

FINANZIELLE ZIELE

HGEWOHNHEIT TRACKER

M D M D F S S

ARBEIT / GESCHÄFTS-TO-DO-LISTE

PERSÖNLICHE TO-DO-LISTE

VISION PLANKE

DIESE WOCHEN GEWINNT

VERBESSERUNG DER NÄCHSTEN WOCHE

BEWERTEN SIE IHRE PRODUKTIVITÄT DIESE WOCHE

1 2 3 4 5 6 7 8 9 10

Woche 2 - Aufgaben

MON

DIE

MITT

DON

FRE

SAM **SON**

FINANZIELLE ZIELE

HGEWOHNHEIT TRACKER

ARBEIT / GESCHÄFTS-TO-DO-LISTE

PERSÖNLICHE TO-DO-LISTE

VISION PLANKE

DIESE WOCHEN GEWINNT

VERBESSERUNG DER NÄCHSTEN WOCHE

BEWERTEN SIE IHRE PRODUKTIVITÄT DIESE WOCHE

1 2 3 4 5 6 7 8 9 10

Woche 3 - Aufgaben

MON

DIE

MITT

DON

FRE

SAM   **SON**

FINANZIELLE ZIELE

HGEWOHNHEIT TRACKER

M D M D F S S
○ ○ ○ ○ ○ ○ ○
○ ○ ○ ○ ○ ○ ○
○ ○ ○ ○ ○ ○ ○
○ ○ ○ ○ ○ ○ ○
○ ○ ○ ○ ○ ○ ○
○ ○ ○ ○ ○ ○ ○
○ ○ ○ ○ ○ ○ ○

ARBEIT / GESCHÄFTS-TO-DO-LISTE

PERSÖNLICHE TO-DO-LISTE

VISION PLANKE

DIESE WOCHEN GEWINNT

VERBESSERUNG DER NÄCHSTEN WOCHE

BEWERTEN SIE IHRE PRODUKTIVITÄT DIESE WOCHE

1 2 3 4 5 6 7 8 9 10

Woche 4 - Aufgaben

MON

DIE

MITT

DON

FRE

SAM **SON**

FINANZIELLE ZIELE

HGEWOHNHEIT TRACKER

ARBEIT / GESCHÄFTS-TO-DO-LISTE

PERSÖNLICHE TO-DO-LISTE

VISION PLANKE

DIESE WOCHEN GEWINNT

VERBESSERUNG DER NÄCHSTEN WOCHE

BEWERTEN SIE IHRE PRODUKTIVITÄT DIESE WOCHE

1 2 3 4 5 6 7 8 9 10

Monat 7/12

Juli

Mantra:

Gehirndump

Checkliste mit den Zielen und Zielen dieses Monats

Persönliches Wachstum

Finanzielles Wachstum

Social Media-Aufgaben

Persönliche projekte

Andere Wachstumsbereiche

Woche 1 - Aufgaben

MON

DIE

MITT

DON

FRE

SAM

SON

FINANZIELLE ZIELE

HGEWOHNHEIT TRACKER

ARBEIT / GESCHÄFTS-TO-DO-LISTE

PERSÖNLICHE TO-DO-LISTE

VISION PLANKE

DIESE WOCHEN GEWINNT

VERBESSERUNG DER NÄCHSTEN WOCHE

BEWERTEN SIE IHRE PRODUKTIVITÄT DIESE WOCHE

1 2 3 4 5 6 7 8 9 10

Woche 2 – Aufgaben

MON

DIE

MITT

DON

FRE

SAM

SON

FINANZIELLE ZIELE

HGEWOHNHEIT TRACKER

ARBEIT / GESCHÄFTS-TO-DO-LISTE

PERSÖNLICHE TO-DO-LISTE

VISION PLANKE

DIESE WOCHEN GEWINNT

VERBESSERUNG DER NÄCHSTEN WOCHE

BEWERTEN SIE IHRE PRODUKTIVITÄT DIESE WOCHE

1 2 3 4 5 6 7 8 9 10

Woche 3 - Aufgaben

MON

DIE

MITT

DON

FRE

SAM

SON

FINANZIELLE ZIELE

HGEWOHNHEIT TRACKER

ARBEIT / GESCHÄFTS-TO-DO-LISTE

PERSÖNLICHE TO-DO-LISTE

VISION PLANKE

DIESE WOCHEN GEWINNT

VERBESSERUNG DER NÄCHSTEN WOCHE

BEWERTEN SIE IHRE PRODUKTIVITÄT DIESE WOCHE

1 2 3 4 5 6 7 8 9 10

Woche 4 - Aufgaben

MON

DIE

MITT

DON

FRE

SAM **SON**

FINANZIELLE ZIELE

HGEWOHNHEIT TRACKER

M D M D F S S

ARBEIT / GESCHÄFTS-TO-DO-LISTE

PERSÖNLICHE TO-DO-LISTE

VISION PLANKE

DIESE WOCHEN GEWINNT

VERBESSERUNG DER NÄCHSTEN WOCHE

BEWERTEN SIE IHRE PRODUKTIVITÄT DIESE WOCHE

1 2 3 4 5 6 7 8 9 10

Monat 8/12

August

Mantra:

Gehirndump

Checkliste mit den Zielen und Zielen dieses Monats

Persönliches Wachstum

Finanzielles Wachstum

Social Media-Aufgaben

Persönliche projekte

Andere Wachstumsbereiche

Woche 1 - Aufgaben

MON

DIE

MITT

DON

FRE

SAM

SON

FINANZIELLE ZIELE

HGEWOHNHEIT TRACKER

M D M D F S S

ARBEIT / GESCHÄFTS-TO-DO-LISTE

PERSÖNLICHE TO-DO-LISTE

VISION PLANKE

DIESE WOCHEN GEWINNT

VERBESSERUNG DER NÄCHSTEN WOCHE

BEWERTEN SIE IHRE PRODUKTIVITÄT DIESE WOCHE

1 2 3 4 5 6 7 8 9 10

Woche 2 - Aufgaben

MON

DIE

MITT

DON

FRE

SAM

SON

FINANZIELLE ZIELE

HGEWOHNHEIT TRACKER

ARBEIT / GESCHÄFTS-TO-DO-LISTE

PERSÖNLICHE TO-DO-LISTE

VISION PLANKE

DIESE WOCHEN GEWINNT

VERBESSERUNG DER NÄCHSTEN WOCHE

BEWERTEN SIE IHRE PRODUKTIVITÄT DIESE WOCHE

1 2 3 4 5 6 7 8 9 10

Woche 3 - Aufgaben

MON

DIE

MITT

DON

FRE

SAM **SON**

FINANZIELLE ZIELE

HGEWOHNHEIT TRACKER

ARBEIT / GESCHÄFTS-TO-DO-LISTE

PERSÖNLICHE TO-DO-LISTE

VISION PLANKE

DIESE WOCHEN GEWINNT

VERBESSERUNG DER NÄCHSTEN WOCHE

BEWERTEN SIE IHRE PRODUKTIVITÄT DIESE WOCHE

1 2 3 4 5 6 7 8 9 10

Woche 4 - Aufgaben

MON

DIE

MITT

DON

FRE

SAM   **SON**

FINANZIELLE ZIELE

HGEWOHNHEIT TRACKER

ARBEIT / GESCHÄFTS-TO-DO-LISTE

PERSÖNLICHE TO-DO-LISTE

VISION PLANKE

DIESE WOCHEN GEWINNT

VERBESSERUNG DER NÄCHSTEN WOCHE

BEWERTEN SIE IHRE PRODUKTIVITÄT DIESE WOCHE

1 — 2 — 3 — 4 — 5 — 6 — 7 — 8 — 9 — 10

Monat 9/12

September

Mantra:

Gehirndump

Checkliste mit den Zielen und Zielen dieses Monats

Persönliches Wachstum

-
-
-
-
-
-
-

Finanzielles Wachstum

-
-
-
-
-
-

Social Media-Aufgaben

-
-
-
-
-
-
-

Persönliche Projekte

-
-
-
-
-

Andere Wachstumsbereiche

-
-
-
-
-
-
-
-

Woche 1 - Aufgaben

MON

DIE

MITT

DON

FRE

SAM

SON

FINANZIELLE ZIELE

HGEWOHNHEIT TRACKER

ARBEIT / GESCHÄFTS-TO-DO-LISTE

PERSÖNLICHE TO-DO-LISTE

VISION PLANKE

DIESE WOCHEN GEWINNT

VERBESSERUNG DER NÄCHSTEN WOCHE

BEWERTEN SIE IHRE PRODUKTIVITÄT DIESE WOCHE

1 2 3 4 5 6 7 8 9 10

Woche 2 - Aufgaben

MON

DIE

MITT

DON

FRE

SAM **SON**

FINANZIELLE ZIELE

HGEWOHNHEIT TRACKER

ARBEIT / GESCHÄFTS-TO-DO-LISTE

PERSÖNLICHE TO-DO-LISTE

VISION PLANKE

DIESE WOCHEN GEWINNT

VERBESSERUNG DER NÄCHSTEN WOCHE

BEWERTEN SIE IHRE PRODUKTIVITÄT DIESE WOCHE

1 2 3 4 5 6 7 8 9 10

Woche 3 - Aufgaben

MON

DIE

MITT

DON

FRE

SAM   **SON**

FINANZIELLE ZIELE

HGEWOHNHEIT TRACKER

ARBEIT / GESCHÄFTS-TO-DO-LISTE

PERSÖNLICHE TO-DO-LISTE

VISION PLANKE

DIESE WOCHEN GEWINNT

VERBESSERUNG DER NÄCHSTEN WOCHE

BEWERTEN SIE IHRE PRODUKTIVITÄT DIESE WOCHE

1 2 3 4 5 6 7 8 9 10

Woche 4 - Aufgaben

MON

DIE

MITT

DON

FRE

SAM

SON

FINANZIELLE ZIELE

HGEWOHNHEIT TRACKER

ARBEIT / GESCHÄFTS-TO-DO-LISTE

PERSÖNLICHE TO-DO-LISTE

VISION PLANKE

DIESE WOCHEN GEWINNT

VERBESSERUNG DER NÄCHSTEN WOCHE

BEWERTEN SIE IHRE PRODUKTIVITÄT DIESE WOCHE

1   2   3   4   5   6   7   8   9   10

Monat 10/12

Oktober

Mantra:
....
....
....
....
....

Gehirndump

Checkliste mit den Zielen und Zielen dieses Monats

Persönliches Wachstum

Finanzielles Wachstum

Social Media-Aufgaben

Persönliche projekte

Andere Wachstumsbereiche

Woche 1 - Aufgaben

MON

DIE

MITT

DON

FRE

SAM

SON

FINANZIELLE ZIELE

HGEWOHNHEIT TRACKER

ARBEIT / GESCHÄFTS-TO-DO-LISTE

PERSÖNLICHE TO-DO-LISTE

VISION PLANKE

DIESE WOCHEN GEWINNT

VERBESSERUNG DER NÄCHSTEN WOCHE

BEWERTEN SIE IHRE PRODUKTIVITÄT DIESE WOCHE

1 2 3 4 5 6 7 8 9 10

Woche 2 - Aufgaben

MON

DIE

MITT

DON

FRE

SAM   **SON**

FINANZIELLE ZIELE

HGEWOHNHEIT TRACKER

ARBEIT / GESCHÄFTS-TO-DO-LISTE

PERSÖNLICHE TO-DO-LISTE

VISION PLANKE

DIESE WOCHEN GEWINNT

VERBESSERUNG DER NÄCHSTEN WOCHE

BEWERTEN SIE IHRE PRODUKTIVITÄT DIESE WOCHE

1 2 3 4 5 6 7 8 9 10

Woche 3 - Aufgaben

MON

DIE

MITT

DON

FRE

SAM

SON

FINANZIELLE ZIELE

HGEWOHNHEIT TRACKER

ARBEIT / GESCHÄFTS-TO-DO-LISTE

PERSÖNLICHE TO-DO-LISTE

VISION PLANKE

DIESE WOCHEN GEWINNT

VERBESSERUNG DER NÄCHSTEN WOCHE

BEWERTEN SIE IHRE PRODUKTIVITÄT DIESE WOCHE

1 2 3 4 5 6 7 8 9 10

Woche 4 - Aufgaben

MON

DIE

MITT

DON

FRE

SAM **SON**

FINANZIELLE ZIELE

HGEWOHNHEIT TRACKER

M D M D F S S

ARBEIT / GESCHÄFTS-TO-DO-LISTE

PERSÖNLICHE TO-DO-LISTE

VISION PLANKE

DIESE WOCHEN GEWINNT

VERBESSERUNG DER NÄCHSTEN WOCHE

BEWERTEN SIE IHRE PRODUKTIVITÄT DIESE WOCHE

1 2 3 4 5 6 7 8 9 10

Monat 11/12

November

Mantra:

Gehirndump

Checkliste mit den Zielen und Zielen dieses Monats

Persönliches Wachstum

Finanzielles Wachstum

Social Media-Aufgaben

Persönliche projekte

Andere Wachstumsbereiche

Woche 1 - Aufgaben

MON

DIE

MITT

DON

FRE

SAM **SON**

FINANZIELLE ZIELE

HGEWOHNHEIT TRACKER

ARBEIT / GESCHÄFTS-TO-DO-LISTE

PERSÖNLICHE TO-DO-LISTE

VISION PLANKE

DIESE WOCHEN GEWINNT

VERBESSERUNG DER NÄCHSTEN WOCHE

BEWERTEN SIE IHRE PRODUKTIVITÄT DIESE WOCHE

1 2 3 4 5 6 7 8 9 10

Woche 2 - Aufgaben

MON

DIE

MITT

DON

FRE

SAM

SON

FINANZIELLE ZIELE

HGEWOHNHEIT TRACKER

M D M D F S S

ARBEIT / GESCHÄFTS-TO-DO-LISTE

PERSÖNLICHE TO-DO-LISTE

VISION PLANKE

DIESE WOCHEN GEWINNT

VERBESSERUNG DER NÄCHSTEN WOCHE

BEWERTEN SIE IHRE PRODUKTIVITÄT DIESE WOCHE

1 2 3 4 5 6 7 8 9 10

Woche 3 - Aufgaben

MON

DIE

MITT

DON

FRE

SAM

SON

FINANZIELLE ZIELE

HGEWOHNHEIT TRACKER

ARBEIT / GESCHÄFTS-TO-DO-LISTE

PERSÖNLICHE TO-DO-LISTE

VISION PLANKE

DIESE WOCHEN GEWINNT

VERBESSERUNG DER NÄCHSTEN WOCHE

BEWERTEN SIE IHRE PRODUKTIVITÄT DIESE WOCHE

1 2 3 4 5 6 7 8 9 10

Woche 4 - Aufgaben

MON

DIE

MITT

DON

FRE

SAM

SON

FINANZIELLE ZIELE

HGEWOHNHEIT TRACKER

M D M D F S S

ARBEIT / GESCHÄFTS-TO-DO-LISTE

PERSÖNLICHE TO-DO-LISTE

VISION PLANKE

DIESE WOCHEN GEWINNT

VERBESSERUNG DER NÄCHSTEN WOCHE

BEWERTEN SIE IHRE PRODUKTIVITÄT DIESE WOCHE

1 2 3 4 5 6 7 8 9 10

Monat 12/12

Dezember

Mantra:
....
....
....
....
....

Gehirndump

Checkliste mit den Zielen und Zielen dieses Monats

Persönliches Wachstum

○
○
○
○
○
○
○

Finanzielles Wachstum

○
○
○
○
○
○
○

Social Media-Aufgaben

○
○
○
○
○
○
○

Persönliche projekte

○
○
○
○
○
○

Andere Wachstumsbereiche

○
○
○
○
○
○
○
○
○

Woche 1 - Aufgaben

MON

DIE

MITT

DON

FRE

SAM

SON

FINANZIELLE ZIELE

HGEWOHNHEIT TRACKER

ARBEIT / GESCHÄFTS-TO-DO-LISTE

PERSÖNLICHE TO-DO-LISTE

VISION PLANKE

DIESE WOCHEN GEWINNT

VERBESSERUNG DER NÄCHSTEN WOCHE

BEWERTEN SIE IHRE PRODUKTIVITÄT DIESE WOCHE

1 2 3 4 5 6 7 8 9 10

Woche 2 - Aufgaben

MON

DIE

MITT

DON

FRE

SAM

SON

FINANZIELLE ZIELE

HGEWOHNHEIT TRACKER

ARBEIT / GESCHÄFTS-TO-DO-LISTE

PERSÖNLICHE TO-DO-LISTE

VISION PLANKE

DIESE WOCHEN GEWINNT

VERBESSERUNG DER NÄCHSTEN WOCHE

BEWERTEN SIE IHRE PRODUKTIVITÄT DIESE WOCHE

1 2 3 4 5 6 7 8 9 10

Woche 3 - Aufgaben

MON

DIE

MITT

DON

FRE

SAM

SON

FINANZIELLE ZIELE

HGEWOHNHEIT TRACKER

ARBEIT / GESCHÄFTS-TO-DO-LISTE

PERSÖNLICHE TO-DO-LISTE

VISION PLANKE

DIESE WOCHEN GEWINNT

VERBESSERUNG DER NÄCHSTEN WOCHE

BEWERTEN SIE IHRE PRODUKTIVITÄT DIESE WOCHE

1 2 3 4 5 6 7 8 9 10

Woche 4 – Aufgaben

MON

DIE

MITT

DON

FRE

SAM **SON**

FINANZIELLE ZIELE

HGEWOHNHEIT TRACKER

ARBEIT / GESCHÄFTS-TO-DO-LISTE

PERSÖNLICHE TO-DO-LISTE

VISION PLANKE

DIESE WOCHEN GEWINNT

VERBESSERUNG DER NÄCHSTEN WOCHE

BEWERTEN SIE IHRE PRODUKTIVITÄT DIESE WOCHE

1 2 3 4 5 6 7 8 9 10

Abschlussbericht Zum Jahresende

Dieses Jahr Gewinnt

Raum für Verbesserungen

Wachstumsbereiche für nächstes Jahr

Persönliches Wachstum

Finanzielles Wachstum

Social Media-Aufgaben

Persönliche Projekte

Andere Wachstumsbereiche

Anmerkungen

Anmerkungen

Ein Brief an dich selbst, der verspricht, dass du nächstes Jahr besser abschneiden wirst.

Herzlichen Glückwunsch!

Auf Ihr diszipliniertes Bemühen um ein besseres Sie und den erfolgreichen Abschluss eines gestalteten, gewünschten Lebens der Wahl. Mach es dir jedes Jahr zur Gewohnheit, bis du es kaum noch kannst erkenne dich selbst.

Frohe Festtage und ein wundervolles neues Jahr!

Happy Holidays

Leben
Am besten gelebt ist Leben Von Entwurf!

Finden Sie weitere unserer Planer in Ihrer Lieblingsbuchhandlung.